Caravan & Boot

Satz: FoCoTex Klaus Nowak, Berg/Starnberger See
Druck: Schwabenverlag, Ostfildern
Bindearbeiten: Sigloch Buchbinderei, Künzelsau
2 3 4 5 6 92 91 90
(Jeweils erste und letzte Zahl maßgeblich)
ISBN: 3-8231-0159-5

Caravan & Boot

Ein fröhliches Wörterbuch für alle Naturfreunde, Wasserratten, Caravanisten, Bootstrailer, Anlieger und Anleger und alle anderen unmittelbar Betroffenen.

Von Bernhard Pfendtner und Volker K. Thomalla
mit Zeichnungen von Eric Liebermann

TOMUS

Ablandig

A

Ablandig Von Anfängern häufig mit „auflandig“ verwechselter Begriff, dessen korrekte Bedeutung aber durch „learning-by-doing“ schnell erlernt wird. Denn wer sich von einem ablandigen Wind antreiben läßt, obwohl er einen auflandigen Wind erwartet, wird spätestens beim Verlassen der 12-Meilen-Zone erkennen, daß er seine Ansichten über ab- und auflandig ändern sollte.

Ablasten Das ist nicht etwa der Vorschlag eines Caravan-Herren an seine Frau, sie bei der Küchenarbeit zu entlasten. Damit ist die behördliche Herabsetzung des zulässigen Gesamtgewichts des Wohnwagengespanns gemeint. Praktiker wissen aber: Durch einen Stempel im Kraftfahrzeug-Brief wird die Achse nicht plötzlich weniger stabil. Die wackeren Praktiker beladen ihr fahrbares Heim weiter so, als ob es die Ab-Lastung nie gegeben hätte. Das führt gelegentlich zu einer Be-Lastung des Urlaubs-Kontos (siehe Übergewicht).

Abmelden Die Frage, die sich um ihr Geld besorgte Camper jeden Herbst stellen: Abmelden oder nicht abmelden? Für Wintercamper ist die Frage keine Frage, ebenso ist es keine Frage, wenn das fahrende Wohnzimmer länger als ein Jahr abgemeldet bleiben sollte: Dann gilt das gute Stück bei der Behörde als endgültig abgemeldet, und der Camper muß – will er sein Heim wieder mit gültigem Kennzeichen schmücken – sich und seine Kutsche beim TÜV anmelden.

Abrechnungs-Computer Elektronischer Helfer des Campingplatz-Besitzers, der auf telefonische Anfrage blitzschnell zeigt, ob das geliebte Plätzchen auf dem Stamm-Campingplatz in der gewünschten Zeit noch zu haben ist. Die Maschine hat aber auch ihre Nachteile: Sie vergißt keine gebührenpflichtige Dienstleistung.

Achslast	Die Achslast ist die Last, unter der die Achse ächzt.
Ahoi	Von einem bayerischen Segler erfundener Anruf (nicht Gruß!) unter Seeleuten und Wassersportlern. Als besagter Bayer nämlich einen Schwimmer vor einem herannahenden großen Fisch warnen wollte, rief er: „A Hoi!“ Der Schwimmer verstand das als Gruß und winkte fröhlich zurück. Sein Glück: Es war kein Hai, sondern ein echter Chiemsee-Barsch. Der Anruf „A Barsch!“ setzte sich wegen der mißverständlichen Aussprache dann nicht durch.
Alkoven	Das Oberstübchen eines Wohnmobils – das Fahrzeug bekommt durch das Alkoven-Dach eine Art Denkerstirn. Das Innere des Alkoven-Dachs ist als Schlafplatz konzipiert. Weil es dort aber immer zu eng zugeht, liegen im Oberstübchen des Caravans meist Taschen und Gerümpel. Wird der Caravan auch von Kindern bewohnt, dann hat der Alkoven eine andere Funktion: Er dient als Burg, in die kein Erwachsener Zutritt hat.
Anfahrbleche	Fördern die Blechindustrie und das Ansehen des Campers als gerissener Wüstenfuchs, wenn die Bleche gut sichtbar am Fahrzeug angebracht sind. Praktisch sind sie sinnlos: Anstatt den Wagen aus dem Treibsand und vom Blech weg zu bewegen, bewegen sich die Bleche selbst – und zwar vom Fahrzeug weg.
Äquatortaufe	Nasses, aber sehr beliebtes Initiationsritual bei Seeleuten, die zum ersten Mal den Äquator (sprich den Null-Grad-Breitenkreis) überqueren. Wassersportler, die in ihrem Leben nie über die Binnengewässer hinauskommen, erhalten ihre Äquatortaufe bereits beim ersten Befahren des Mittellandkanals.

Alkoven

Astronavigation	Astronavigation ist eine Art der Navigation (siehe dort), die in erster Linie nachts angewandt wird. Voraussetzungen dafür: Die Uhr des Skippers sollte nicht nach dem Mond gehen, und der Skipper darf nicht soviel getrunken haben, daß er nur noch Sterne sieht.
Aufstellstangen	Kleine, unscheinbare und fast unwichtige Ausrüstungsstücke, deren Fehlen in 99 von 100 Fällen immer erst kurz hinter Istanbul bemerkt wird. Anstelle der sündhaft teuren Aluminium-Aufstellstangen der Firma XY tun es dann auch ein paar vertrocknete türkische oder griechische Olivenzweige.
Auftakeln	Bei Campern und Seglern gleich bekannter Begriff. Segler verstehen unter Auftakeln das An-Bord-Bringen der Takelage und deren Aufrichten. Campern ist der Begriff ein Synonym für das Schminken der Nachbarsfrau vor dem abendlichen Discobesuch. Beachte: Auftakeln bezeichnet nie das Schminken der eigenen Frau, die hat es nämlich nicht nötig, oder?
Außenborder	1. Ein Außenborder ist ein Motor mit Propeller, der dazu dient, ein Motorboot anzutreiben, und der hinten außen am Boot angebracht ist. 2. Ehemaliger Bootspassagier, der sich beim Fischefüttern oder Fische-bewundern so weit über die Reling (siehe dort) gebeugt hat, daß er außer Bord gekommen ist.
Autoradio	Gerät, das in jedem Fall zu schadenfrohem Kichern Anlaß gibt: Für den Urlauber, wenn sich am Drachensteiner Hang mal wieder kilometerweit die Autos stauen, während er sich in Italien die Sonne auf den Bauch scheinen läßt. Aber auch für die Zurückgebliebenen, wenn sie übers Radio erfahren, daß in Italien die Bäcker und Metzger streiken, es in der Türkei keinen Sprit gibt und außerdem ein Tief über der Biscaya im Süden für

Außenborder

„Es ist zum Verzweifeln, – jetzt springt auch der Außenborder nicht mehr an!“.

Dauerregen sorgt, während ein Hoch über Island für herrliches Wetter hierzulande verantwortlich ist. Hähähä!

B

Backbord Brett in der Kombüse eines größeren Schiffes, auf dem die zu backenden Brötchen in den Backofen geschoben werden.

Ballast Unflätiger Ausdruck eines Skippers (einer Skipperin) für die (den) wassersportfeindliche Ehefrau (Ehemann), die (den) man am Wochenende immer mit an Bord zerren muß.

Bär Gerngesehener Gast auf einsamen Campingplätzen in Nordamerika, Schweden, Finnland und Norwegen. Wenn die drolligen Tiere ihren Wald verlassen und sich zu den Campern gesellen, dann werden sie freundlich empfangen: Alle beeilen sich, dem Vater Bär und seiner Familie einen Platz am Frühstückstisch freizumachen. Man zieht sich zwar diskret, aber doch etwas beschleunigt zurück, um im sorgfältig verschlossenen Wohnmobil zu warten, bis die liebenswerten Gäste zu Ende gespeist haben.

Baum Eine längliche Stange, die aus verschiedenen Materialien gefertigt sein kann (Aluminium, GfK, Holz) und an die die untere Kante eines Segels angeschlagen wird. Ein Naturfreund und Segler prägte in einem vollbelegten südfranzösischen Yachthafen, als er einen Wald am Ufer suchte, den Spruch: „Man sieht den Wald vor lauter Bäumen nicht!“

Berufsschiffahrt Professionelle Wassersportler, die über Wasserfahrzeuge mit eingebauter Vorfahrt verfügen.

Baum

Bremse

Bootsausstellung

Vollversammlung von Traumschiffen (siehe dort).

Bootsklasse

Wie in jeder halbwegs normalen Schulklasse gibt es auch in der Bootsklasse unterschiedlich lerneifrige Schüler. Da ist zum einen der typische Optimist, der trotz schlechter Noten noch auf eine Versetzung in eine andere Klasse hofft, der Star, der so etwas wie ein Musterschüler ist, der Tornado, der sportlichste unter den Schülern, der Drachen, der ein äußerst giftiges Verhalten an den Tag legt, der Physik-Spezialist, der den Spitznamen Laser trägt, sowie der dänische Austauschschüler namens Ok Jolle.

Bootslack

Ist ein wetterbeständiger Lack auf Ölbasis. In Ostfriesland hat man seit kurzem einen revolutionären Bootslack in der Erprobung, der das Pinselreinigen nach dem Anstreichen erheblich erleichtert, der Lack ist nämlich wasserlöslich.

Bordkasse

Behälter an Bord eines Schiffes, der gelegentlich Geld enthält. Daß dies nicht immer so bleibt, dafür sorgen Hafenämter, Tankwarte und die Wirte der schönen Hafenkneipen.

Bremse

Wohnwagen haben eine Auflauf-Bremse. Das ist eine Automatik im Backofen, die verhindert, daß die Bewohner siebenmal hintereinander Auflauf zugemutet bekommen. Beim achten Auflauf läuft der Benutzer beim Ofen auf, weil der abschaltet.

Brenner

Alljährlicher, hochalpiner Treffpunkt der Caravanisten und Bootsbesitzer aus Skandinavien, Holland, Belgien und Deutschland. Aus bisher ungeklärter Ursache strömen die Caravanisten und Bootsbesitzer zu diesem Teil der Alpen und verharren dort stundenlang und beinahe regungslos in ihren Autos, bevor sie sich ins Mittelmeer oder in die Adria stürzen. Verhaltensforscher glauben, in diesem Verhalten die wahren Vorfahren des Menschen zu erkennen: die Lemminge (lat. leminni).

Brücke Schicksals-Station mancher Caravans und Reisemobile. Schon das erste Reisemobil, eine Lizzi, wurde von seinem Besitzer zuerst unbeabsichtigt gegen eine zu niedrige Brücke gesteuert und dann absichtlich auf den Schrottplatz gelenkt.

Büa Siehe Lüa.

Bulli Wachhund aus der Gegend um Wolfsburg, Geburtsjahr 1951. Die Rasse soll – biologisch äußerst fragwürdig – von einem Käfer abstammen, so wird es jedenfalls in Wolfsburg behauptet. Tatsache ist: Für einen Bulli verlangt das Finanzamt keine Hundesteuer, eigenartigerweise aber Kraftfahrzeugsteuer.

Bundeswehr Die Bundeswehr ist der größte Camping- und Caravanclub, dessen Mitglieder allerdings wegen des fehlenden Services und des schlechten Komforts (siehe dort) schnell wieder ausscheiden. Der für diesen Campingclub zuständige Minister will dieser Entwicklung durch die weitere Einführung geländegängiger Wohnmobile und Wohnwagen Einhalt gebieten.

C

Camping Camping ist „das burschikose Lagern in freier Natur“, so eine Schrift aus der Zeit um die Jahrhundertwende, „ein Emaille-Kessel steht um ein Holzfeuerchen, für Tee, den die feine Lady selbst zubereitet, weil das Dienstpersonal zu Hause geblieben ist.“ Das waren noch Zeiten!

Caravan Mobile Behausung, die den Menschen seit Diogenes (siehe dort) bis heute durch die Geschichte begleitet. War der Caravan

Camping

früher eher klein in den Ausmaßen und rustikal eingerichtet, so gibt es heute Caravans, die keine Wünsche mehr offen lassen. So soll das Spitzenmodell einer bekannten amerikanischen Herstellerfirma neuerdings mit einem Mini-Motorrad ausgestattet worden sein, weil der Weg von der Küche zum Schlafzimmer zu weit ist, um ihn zu Fuß gehen zu können.

Checkliste

Wie Piloten lesen geübte Camper ihre Checkliste vor dem Start laut vor. Beim Flugzeug steht da zum Beispiel: Kabine geschlossen, Trimmung auf null, Lenkung frei beweglich, Klappen gesetzt. Beim Camper liest sich die Checkliste so: Turmluke geschlossen, Kühlschrank auf Bordnetz umgestellt, Stromkabel abgezogen, Klappspaten eingeklappt und verstaut, alle Kinder an Bord; und, ganz wichtig: Sind keine fremden Kinder dabei?

D

Dauercamper

1. Dauercamper sind immobile Mobilheimbenutzer, die nach unbestätigten Gerüchten in der nächsten Legislaturperiode das Kommunalwahlrecht in der Gemeinde erhalten sollten, in der sie ihren Wohnwagen stehen haben.
2. Man erkennt sie auf dem Campingplatz daran, daß sie kleine Zäune um ihre Wohnwagen gezogen haben. Auf dem Caravan sind immer noch die Originalreifen, und man bereitet für das nächste Jahr das 20. Jubiläum auf dem Campingplatz vor.

Deichsel

Stolper-Stange für ungebetene Besucher, die sich nachts um den Wohnwagen schleichen. Sie sollen ihre Beine an der Deichsel verheddern und möglichst in einen der umstehenden Eimer mit

Carawahn

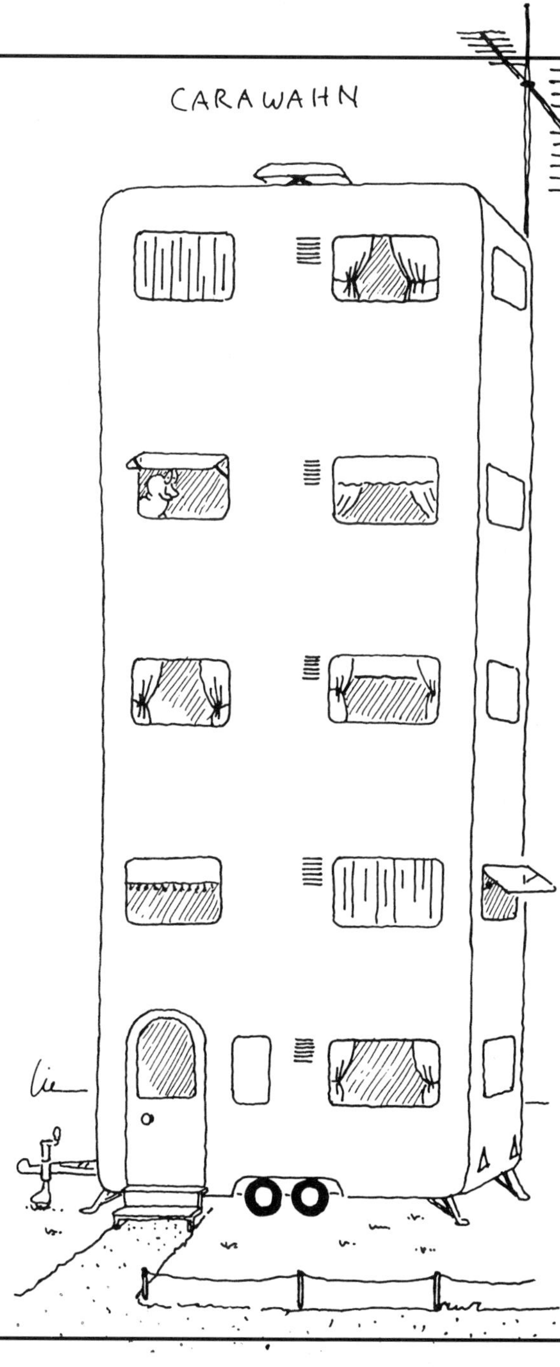

Dusche

„Im Prospekt steht, daß dieser Campingplatz fließendes Wasser hat ...“.

Abfall plumpsen (um die Deichsel herum stehen – keiner weiß warum – immer irgendwelche Eimer und Kisten). Damit der Dieb, wenn er sich wieder aufgerappelt hat, nicht aus Rache die Deichsel klaut, ist sie am Wohnwagen angeschweißt.

Deichsel-Laufrad

Rad, das aufgrund einer Werbecampagne an die Deichsel gekommen ist: Der Camper-Hersteller Bo-Ingeneering (Bo-Ing, mittlerweile nicht mehr existent, auch nicht verschwägert mit den Flugzeugbauern Boeing in Seattle, USA) wollte seinem Wohnwagen ein besonders schnittiges Aussehen verleihen – es sollte an ein Flugzeug erinnern. Also paßte er das Wohnwagen-Fahrwerk dem Fahrwerk eines Flugzeugs an, und das hat nun mal ein Bugrad. So entstand – natürlich in den USA – das Deichsellaufrad. Bei den (angedeuteten) Tragflächen mußte Bo-Ing allerdings passen, weil der Kasten einmal zu breit geworden wäre und zum zweiten bei 120 Meilen pro Stunde abgehoben hätte.

Diogenes von Sinope

(Geburtsdatum unbekannt, † 323 v. Chr.). Griechischer Philosoph und der Welt erster ziviler Wohnmobilist. Er lebte sehr naturnah und übernachtete zeitweise in einem hölzernen Wohnmobil rustikalster Ausführung. Die Antriebseinheit seines Wohnmobils war noch nicht so ausgereift, er mußte seine Tonne von einem Ort zum anderen rollen. Sein Spitzname lautete: Diogenes in der Tonne. Der Legende nach soll Diogenes bei dem Versuch, aus seiner Tonne einen Kabinenkreuzer zu machen, ertrunken sein.

Dusche

Auch hier gibt es Gesetze: Der Wagen steht immer so, daß das Wasser in der Duschwanne überall hinfließt – nur nicht in den Abfluß. Erprobte Camper setzen den Wagenheber an und lupfen ihr Gefährt so, daß das Wasser doch noch das dafür vorgesehene Loch nach draußen findet. Dafür streikt dann der Kühlschrank (siehe Wasserwaage), was bei manchen Hausherren zum Hitzkopf führt (siehe auch Fußkalt).

Dwars

Begriff aus der Seemannssprache. Entstand, etymologisch betrachtet, aus dem Zusammenziehen der drei Worte „das war es". Sie sollen von einem Skipper gesagt worden sein, der einen Tanker querab übersehen hatte. Statt eines „das war es" kam nur noch ein „dwars" aus seinem Mund. In Memoriam dieses Skippers sagen Seeleute heute für querab „dwars".

E

Ecken und Kanten

Nach vier Wochen stößt man sich an keinen Ecken und Kanten seines Campers mehr an – man hat es bereits getan, im Durchschnitt an jedem Tag dreimal an verschiedenen Kanten. Camping-Psychologen sprechen von „Kennenlernen durch Versuch und Irrtum".

Einlaufen

Was Hausfrauen und -männer bei Wäschestücken hassen wie die Pest, ist bei Wassersportlern und Freizeitskippern sehr beliebt, bedeutet es doch das Einfahren in einen Hafen und damit das Ende der anstrengenden Zeit auf See.

Einwinker

Meist rüstiger Rentner, der im Auftrag der Platzleitung neu hinzugekommene Gäste, die ihren Wohnwagen noch rangieren, mit gymnastischen Übungen vor allem der Arme, der Hände und der Stimme erfreuen soll. Eine Probe der Stimmübungen: „Stooop, stooop, stooop, ja, noch ein bißchen weiter, haaaalt, weiter liiinks, und jetzt rückwärts, aber etwas vorwärts dabei ..."

Ecken und Kanten

Espagnoletten-Verschluß

Espagnoletten-Verschluß Neudeutsch für den Schließmechanismus an der Toiletten-Tür. Nicht daß Camper ihre Toiletten jetzt Espagnoletten nennen und sich damit fein vorkommen – der Espagnoletten-Verschluß ist ein krallenartiger Schließmechanismus, der die Toiletten-Tür auch während rumpeliger Fahrt über eine Schlagloch-Straße garantiert geschlossen hält.

F

Fahrersitz Aufschrift auf einem Schild, das in keinem Wohnmobil fehlen darf. Denn dadurch sind die Kompetenzen und das Unterstellungsverhältnis eindeutig geklärt. Streitgespräche wie: „Karl-Heinz, fahr doch nicht so schnell!“ oder „Marie-Luise, die Ampel war doch rot!“ lassen sich mit dem Fahrersitz-Schild gut vermeiden.

Fahrzeug-Waage Fast alle Camper fürchten die Fahrzeug-Waage mehr, als die Erbauer des Schiefen Turms von Pisa die Wasserwaage gefürchtet haben müssen. Warum? Weil sie schon frühzeitig den Begriff „Zulässiges Gesamtgewicht“ aus ihrem Sprachschatz getilgt und gegen „Unzulässiges Übergewicht“ ersetzt haben, was sie allerdings nie aussprechen. Die Fahrzeug-Waage, zu der man fast immer von der Polizei hingelotst wird, hat eine Plattform, welche unbarmherzig die gewichtige Wahrheit ans Tageslicht bringt.

Fall Besonders beim Segeln hatte man es in der Vergangenheit mit einigen kriminaltechnisch höchst komplizierten Fällen zu tun. Der Großfall war ja noch relativ leicht zu lösen, aber mit Entsetzen erinnern sich Segler an den Fockfall oder den besonders spektakulären Spinnakerfall.

Faltcaravan	Das gleiche wie ein Klapp-Wohnwagen (siehe dort). Auch diese Art von Behausung kann zu Sorgenfalten führen: Während es beim Klapp-Wohnwagen manchmal nicht richtig klappt, ist die freie Entfaltung der Caravan-Persönlichkeit gelegentlich gestört. Es soll besonders in südlichen Ländern helfen, die Hände zu falten und ein Stoßgebet an Petrus zu senden, daß er mit dem Platzregen noch warten soll.
Fender	Ramm-, Raum- und Schülerschutz für Anfänger und Fortgeschrittene unter den Motor- und Segelboot-Skippern.
Fernseher	Ein im Wert nicht zu unterschätzendes Gerät aus der Unterhaltungselektronik. Wie sonst, ohne den Fernseher, sollte man längere Törns auf dem langweiligen Boot oder längere Campingplatzaufenthalte (siehe Dauercamper, Wintercamping) überstehen?
Finanzen	Jene unberechenbare (weil: sich dauernd ändernde) Größe, die über die Länge des Bootes, des Wohnmobils oder des Wohnwagens, sowie deren Ausstattung entscheidet. Oft werden die Finanzen beim Kauf des guten Stückes so überstrapaziert, daß danach kein Geld mehr für den geplanten Urlaub übrigbleibt.
Flaschenkasten	Ausrüstungsdetail eines Caravans, in dem normalerweise alles Trinkbare aufbewahrt wird. Gibt es neuerdings auch mit Kühleinrichtung. Es soll sogar Banausen geben, die im Flaschenkasten ihre Gasflaschen aufbewahren. Dabei weiß jeder, daß man selbst Flüssiggas nicht trinken kann.
Fliegen und Mücken	Die fröhlichen, zahmen und menschenliebenden Insekten fühlen sich in Wohnwagen und Reisemobilen besonders wohl. Der Grund: Dort haben sie besonders viele Versteck-Möglichkeiten, wenn ihnen die wenigen bösen Menschen, die es unter den Campern gibt, mit der Fliegenklatsche ans Leben wollen.

Fernseher

Freizeit

„Weißt du eigentlich, daß du Mundgeruch hast?“.

Fotoapparat

Bei der Urlaubsreise gehört der Fotoapparat einfach mit dazu. Er dient als Beweissicherungsmittel, daß man auch wirklich überall dort gewesen ist, wo man angibt, gewesen zu sein. Der ideale Fotoapparat für Camper ist regen- und kindersicher, während sich der ideale Fotoapparat für Wassersportler in erster Linie durch Wasserdichtigkeit auszeichnet. Zur Zeit befindet sich bei einem namhaften japanischen Hersteller ein Gerät in der Entwicklung, das je nach Bedarf sämtliche europäischen oder außereuropäischen Sehenswürdigkeiten automatisch mit ins Bild blendet. So muß man nicht mehr extra wegen der lästigen Urlaubsdias in die Toscana fahren. Das Modell „WS (Wassersport)“ spiegelt bei Bedarf die unterschiedlichsten Küstenlandschaften in den Hintergrund.

Freizeit

Es gibt zwei Arten, die sogenannte Freizeit hinter sich zu bringen:
1. Man arbeitet für die eigene Tasche, was den Vorteil hat, daß man nebenbei ein bißchen Einkommen hat, das man aber nicht ausgeben kann, da man in der Freizeit ja arbeiten muß.
2. Man verbringt seine Freizeit auf dem Campingplatz oder auf dem Wasser. Diese Art der Freizeitbeschäftigung hat den Vorteil, daß man sich dabei in den meisten Fällen erholt. Nachteil: Das Geld, das man für derlei Vergnügen braucht, kann man nicht während der regulären Arbeitszeit verdienen, man muß also die Arbeitszeiten verkürzen, damit man genug Freizeit hat, um sich die Freizeit finanzieren zu können.

Fußkalt

Damit bezeichnet der Fachmann – nein nicht die Temperatur eines kalten Eimer Wassers, so, wie die Fachfrau wärmeres Wasser mit „handwarm“ bezeichnet – der Fachmann meint mit Fußkalt, der Fußboden seines rollenden Heimes sei nicht ausreichend isoliert, und er bekomme deshalb kalte Füße. Die meisten Camper bekommen keine kalten Füße davor, nach der Rückkehr diesen Mangel bei ihrem Händler vorzubringen, bei dem sie das Mobilheim kurz vor dem Urlaub gekauft haben.

Gespann

G

Gasanlage, die	Eines der wenigen Dinge, vor denen Camper Respekt haben. Hier hören sie sogar auf den Rat des TÜV.
Gebrauchtwagen-Verkäufer	Ein Mensch mit böser Zunge hat einmal folgendes gesagt: „Gebrauchtwagen-Verkäufer versuchen so oft, ihren Kunden ein X für ein U vorzumachen, daß man sie eigentlich Gebraxtwagenverkäxer nennen müßte."
Gelb	Farbe, die Camper (besonders ihre Frauen) hassen. Nach langen Fahrten auf Schotterpisten überpudert sich das Innere des Fahrzeugs – Teppich, Tisch, Bänke und Betten – mit gelblich schimmerndem Wüstensand.
Geldbeutel	Jenes, fast schon als Körperteil eines Caravanisten oder Bootsbesitzers zu bezeichnendes Utensil, an das alle heran wollen. Die Werften oder die Werkstätten, dic Hafcnmeister mit Liegegebühren oder die Campingplatz-Besitzer mit Standgebühren und zu guter Letzt die eigene Ehefrau mit einem kleineren oder größeren Urlaubssouvenir.
Gespann	„Ihr seid schon ein tolles Gespann", bekommen Eheleute oft zu hören, wenn sie ihren Wohnwagen mit dem Auto verkuppelt und die beiden Fahrzeuge somit zum Gespann und sich manchmal zum Gespött gemacht haben. Denn: Meist endet der Vorgang des Ankuppelns mit einem Streit. Der Begriff „Abspannen" – als Folge des Streites – wird in der Camperei seltener benutzt. Man steuert den Campingplatz eher zum Ausspannen an und gerät (als Mann) in Anspannung, wenn einer in der benachbarten Disco die Freundin ausspannt. Dann wird es spannend.

Grillen

Glaswolle

Beliebter Isolierstoff von Wohnwagen und Reisemobilen. Er hält im Sommer nicht nur die Kälte draußen, er hält auch die Insassen in Bewegung, was ihre Körperwärme fördert. Wir schlagen hier den Werbespruch vor: „Fit durch Glaswolle – sie ist beliebt, weil sie so schön piekt." (Falls der Spruch genommen wird: Das Honorar bitte auf die Konten der Verfasser überweisen.)

Grillen (med.)

Ansteckende Krankheit, die durch Geruch übertragen wird. Die Betroffenen zeigen ein seltsames Verhalten: Sie beginnen, Fleisch einzukaufen, ein Feuer (Holzkohle, Gas) zu entfachen, das Fleisch über dem Feuer manchmal bis zur Schwärze zu verbrennen und es danach zu verspeisen. Durch den Geruch, den das erhitzte Fleisch verbreitet, werden Campingplatz-Nachbarn animiert, sich ebenso zu verhalten. Bis heute streiten die Wissenschaftler darüber, ob „Grillen" gefährlich ist. Beobachtungen in Mitteleuropa und Nordamerika zeigen, daß dieses Verhalten meist in Zufriedenheit endet; die Betroffenen sind nach dem „Grillen" pumpsatt, müde und friedlich.

Grillen (biolog.)

Putzige Insekten, die besonders in lauen Sommernächten, also dann, wenn viele Wohnmobile und Caravans auf den Campingplätzen stehen, extrem kommunikativ sind. Bei gehäuftem Auftreten dieser Spezies spricht man von einer Grillenparty – die ähnlich wie eine von Menschen inszenierte Grillparty durchaus störend wirken kann.

H

Heringe

Wassersportler und Caravanisten kennen den Begriff „Hering". Von beiden Gruppen wird er aber anders definiert. Wassersportler verstehen unter einem Hering den Schwarmfisch (lat. Clupea harengus), der vor allem in der Nordsee und im Nordatlantik anzutreffen ist, während Caravanisten mit dem Hering eher Holz- oder Leichtmetallpflöcke zum Befestigen von Spannleinen (siehe dort) verstehen. Camper-Heringen ist oft das gleiche Schicksal wie Spannleinen oder Aufstellstangen (siehe dort) beschieden. Den Wassersportler-Hering kennen Caravanisten kaum, da sie nur sehr selten in der Nordsee und im Nordatlantik anzutreffen sind.

Hirschgeweih

Anderes Wort für Zusatz-Außenspiegel. Sie dienen dazu, den Camping-Platzhirsch (siehe „Einweiser") auf die Hörner zu nehmen.

Hochdach

1. Blecherne oder aus Kunststoff gefertigte, obere Abdeckung eines Wohnmobils, die man zum Zwecke des Schlafens hochklappt. Unzweckmäßigerweise benutzen Newcomer unter den Wohnmobilisten das Hochdach immer wieder als Dachgepäckträger. Dadurch erhöht sich der tägliche Kalorienbedarf beim Hochklappen des Daches proportional mit der auf dem Hochdach ruhenden Last, beziehungsweise die Benutzungshäufigkeit des Auslandskrankenscheins wegen gequetschter Daumenkuppen.
2. Service der Motorcaravan-Hersteller an die campierende Frau: Dank des Hochdaches kann sie ungebeugt im Auto kochen und spülen, während der Herr des Caravans die Matratzen testet oder angeln gegangen ist.

Hund, großer

Tier mit ausgeprägtem Geruchssinn, das an manchen Grenzen die Zöllner davon abhält, zuviel im Wageninnern herumzuschnüffeln. (Siehe auch Tankkontrolle.)

Hering

Isolation

„Heißt das, daß du dich nun doch für Wintercamping entschlossen hast?“.

I

Innenbeleuchtung	Sie gibt bei Wohnmobilen und Kabinenkreuzern Auskunft über den Zustand der Batterie. Wird die Innenbeleuchtung dunkler, sieht's mit der Batterie und der Stimmung duster aus.
Innenleuchten (serienmäßig)	Lampen in Caravans und Kabinenkreuzern, deren Licht gerade erahnen läßt, wo der Lichtschalter sein könnte. In festen Häusern nennt man solche Funzeln Notleuchten.
Isolation	1. Schlechte Isolation schützt vor Wärme im Winter und vor Kälte im Sommer. 2. Der Fachmann sagt: Gut isoliert, man weder schwitzt noch friert.

J

Jungfernfahrt	Gruppenreise eines Damenclübchens mit ungewissem Ausgang.

K

Kajak	Wie Surfbrett (siehe dort). Es signalisiert zusätzlich den Abenteuergeist der Auto-Insassen.
Kältebrücke	Brücke über die Kält bei Wintersberg. Bei Wintercampern ist die Kältebrücke nicht sehr beliebt.

Karawanenstraße

Kaminverlängerung

Wintercamper behaupten, eine Kaminverlängerung verhindere, daß der normale Kamin zuschneit und verstopft wird. Das stimmt nicht. Die Kaminverlängerung ist dazu da, nach starken Schneefällen oder Lawinen den Rettungsmannschaften zu zeigen, wo sie graben müssen. Nämlich überall dort, wo ein schwarzes Rohr aus der weißen Masse ragt. Falls das nicht möglich ist, kann mit Hilfe dieses Rohres mit den eingeschneiten Campern Sprechkontakt aufgenommen werden.
Notfalls ist es den Rettern möglich, über das Rohr die Eingeschneiten mit Nahrungsmitteln, Brennstoff und Medikamenten zu versorgen. Probleme gibt es nur bei Zeitungen – die passen zwar gerade noch durch den Kamin. Auf Wochenend-Ausgaben, so empfiehlt die Fachzeitschrift „Der Lebensretter im Tiefschnee", sollten die Eingeschneiten aber verzichten. Die Gefahr sei zu groß, so das Blatt, daß die Kaminverlängerung verstopft und so die Überlebenschancen der Eingeschneiten verkürzt werden.

Karawane

Im wahrsten Sinne des Wortes Ausdruck für eine betuchte Reisegruppe im vorderen und mittleren Orient. Hauptbeförderungsmittel ist dort das Kamel. In Mitteleuropa macht sich jeweils im Sommer eine ähnliche Reisegruppe auf die Reise, aber die Reiserichtung ist in der Regel festgelegt. Im Frühsommer zieht die Karawane nach Süden, im Spätsommer wieder Richtung Norden. Das Hauptbeförderungsmittel ist hierbei das Auto, das Wohnmobil oder der Geländewagen mit angehängtem Bootstrailer. Kamele soll es in dieser Karawane aber auch geben (siehe auch Caravan).

Karawanenstraße

Mittelorientalische Schreibweise für das deutsche Wort Caravanstraße, womit soviel wie „Bundesautobahn (BAB)" gemeint ist.

Katamaran Doppelrümpfiges Boot oder Schiff. Geht auf einen Unfall beim Löschen der Ladung eines Frachters zurück. Zwei Yachten, die verbotenerweise unterhalb des Drehkreises eines Hafenkrans angelegt hatten, wurden beim Auskranen von tropischem Stangenholz so unglücklich von einem herabfallenden Baumstamm getroffen, daß sie als Totalschaden abgewrackt werden sollten. Der Baumstamm hatte die Decksplanken beider Yachten durchgeschlagen und konnte nicht mehr entfernt werden. Bei der Fahrt zum Abwracker segelte das nun entstandene Boot aber so schnell, daß beide Bootsbesitzer die Idee aufgriffen und von nun an doppelrümpfige Boote bauten. Der Name Katamaran ist aus den beiden Bootsnamen der verunglückten Boote zusammengesetzt, die hießen nämlich *Kata*rina und *Mara-n*agua.

Kentersicher Kentersicherheit ist das Verkaufsargument für viele Sportboote und Segelyachten. Kentersicherheit bedeutet aber nicht, daß das Boot nicht kentern kann. Dieses wird vielmehr mit dem Begriff „unkenterbar“ ausgedrückt. Doch das erfahren viele Bootskäufer erst, wenn sie den Unterschied zwischen kentersicher und unkenterbar am eigenen Leibe gespürt haben.

Klapp-Fahrrad Fahrrad zum Zusammenklappen, bei dem das Auseinanderklappen gelegentlich nicht klappt, wobei dann dem Auseinanderklappenden die Klappe runtergeht.

Klapp-Spaten Im Gegensatz zum Klapp-Wohnwagen, Klapp-Fahrrad und Klapp-Stuhl (siehe dort) klappt es hier meist mit dem Aufklappen. Das Prinzip des Klapp-Spatens ist ja nun nicht so kompliziert und dürfte auch von jemandem verstanden werden, der (oder die?) einen Intelligenz-Quotienten von knapp 26 hat. Aber zur Sache: Beim Übernachten in freier Wildbahn ist der Klapp-Spaten ein unentbehrliches Werkzeug zum allmorgend-

Kentersicher

Knoten
„Das Bötchen macht seine 30 Knoten!“.

lichen Ausheben der Familiengrube. Wechselnde Parole des Tages: „Familienloch ist hinter dem dritten Busch links".

Klapp-Stuhl

Siehe Klapp-Fahrrad. Wenn es auch hier mit dem Klappen nicht klappt, klappt so mancher zusammen. Der Wunsch an den Partner „halt die Klappe" ist beim Aufbau eines Klappstuhles oder Klappfahrrades im Gegensatz zu sonst nicht böse gemeint.

Klapp-Wohnwagen

Auch das gibt es. Wenn es hier beim Aufklappen klemmt, dann klappt zunächst gar nichts mehr. Sollte die Partnerin auf die sonst große Klappe des Campers anspielen, dann tut der gut daran, sich zu überlegen, ob er sie nicht mal ganz fein zum Essen einladen sollte.

Klüsen

Camper- und Wassersportler-Augen, die am Morgen nach der letzten Hafen- beziehungsweise Standplatz-Fete von alleine nicht aufgehen wollen.

Knarren

Geräusch aus einer Zeit, als die Boote und Schiffe noch aus Holz und die Männer aus Eisen waren. Mit der Einführung von Kunststoff im Schiffbau starb dieses Geräusch aus.

Knickspanter

Ein ehemaliger Rundspanter nach einer Berührung mit einem Schiffahrtshindernis, das unter dem Begriff „Sandbank" näher beschrieben ist.

Knoten

Wichtigster Begriff beim Campen und Segeln. Segler müssen Knoten lernen, damit ihnen nicht die Segel davonfliegen. Camper müssen Knoten anwenden, damit das Zelt auch bei Wind an Ort und Stelle bleibt. Und Motorbootfahrer müssen Knoten zählen können, damit sie wissen, wann ihr Kahn dort ankommt, wo er (nach Möglichkeit) ankommen soll. Zusätzlich müssen sie sich einen Knoten ins Taschentuch knüpfen, damit sie nicht vergessen, zu tanken.

Komfort

Kochsalz

Wird nur in kleinen Mengen zum Kochen verwendet. In größeren Mengen landet im Winter Kochsalz im Abwasserbehälter, damit die Brühe nicht einfriert. Das bringt manchen Umweltschützer zum Kochen.

Koje

Analog zum Alkoven (siehe dort) des Campingbusses ist die Koje ein Schlafplatz – aber auf einem Boot. Je nach Lage des Motors kann es in der Koje urgemütlich oder aber unbequem sein. Anders in einer Doppelkoje, wo weniger die Lage der Koje im Boot, als vielmehr der (die) Kojenpartner(in) über Gemütlichkeit oder Ungemütlichkeit entscheidet ...

Komfort

Eigenschaft, die die meisten Boote und Caravans vermissen lassen. Einige wiesen aber diese Eigenschaft auf, doch kann sie dort nicht unmittelbar genutzt werden, da die Gedanken an die Bezahlung dieses Komforts die Eigner oder Besitzer eh nicht mehr ruhig schlafen lassen (siehe auch Traumschiff).

Kompaß

Letzte Schnapsreserve eines Freizeitkapitäns, der wegen der geringen Gewässergröße seines heimatlichen Reviers das Ufer nie aus den Augen verlieren kann und deswegen den Kompaß sowieso nie braucht.

Kompaßkurs

Schulungsseminar für Freizeitkapitäne, in dem angehenden Skippern der Umgang mit dem Kompaß beigebracht werden soll. Wird der Kurs von einem geprüften Lehrer abgehalten, spricht man von einem rechtweisenden Kurs. Wird der Kurs aber von einem ungeprüften Instruktor abgehalten, so kann der Kurs zu einem mißweisenden Kurs verkommen.

Kondenswasser

Im Gegensatz zur Kondensmilch ist Kondenswasser im Wohnbereich unbeliebt. Wenn man zuviel Kondenswasser in den Kaffee bekommt, kann das zur Geschmacksverfälschung führen.

Kopf-Freiheit	Nur Nicht-Camper verstehen darunter die Freiheit der Gedanken über alle nationalen Grenzen hinweg, Pressefreiheit, Liberalität und Toleranz. Camper sehen das anders, eher mathematisch: Je größer die Kopf-Freiheit ist, die der Caravan bietet, desto weniger Karambolagen müssen die Bewohner des Mobilheimes aushalten.
Kopfschlag	Kurzer, aber liebevoller und heftiger Schlag einer erfahrenen Skippersfrau mit einem Nudelholz auf den Kopf ihres Gatten, wenn dieser wieder einmal verspätet und betrunken von einem kurzen, aber effektiven Landgang zurücktorkelt.
Kranen	Ähnlich wie das Kalben bezeichnet das Kranen einen Gebärvorgang. Im Gegensatz zu Kühen sind Kräne jedoch nicht unter fünf Tonnen geschlechtsreif.
Kreuzen	Nein, hiermit ist keine alte römische Hinrichtungsmethode gemeint, kreuzen heißt vielmehr, sich einem Ziel im Zick-Zack-Kurs zu nähern, da der Zielpunkt soweit im Wind liegt, daß man ihn nicht direkt ansteuern kann.
Kühlschrank	Fest eingebauter Behälter in rollenden oder schwimmenden Wohnungen zum Aufbewahren verderblicher Lebensmittel. Nach längerer Fahrt zeigt sich der Kühlschrank äußerst freigiebig: Öffnet man ihn, dann kommen dem Camper die Butter, Salami, Lyoner und Bierschinken, das halbvolle Glas Gurken, der Edamer und der Appenzeller stürmisch entgegen und klatschen und klirren auf den Wohnwagen-Boden. Wird vergessen, den Kühlschrank anzuschalten, dann kommt beim nächsten Öffnen (besonders in tropischen Ländern) der Inhalt auch entgegen – allerdings auf eigenen Beinen.

Kopf-Freiheit

„Und bitte beachten Sie einmal die enorme Kopf-Freiheit!“.

Lastverteilung

„Das dümmste wäre, wenn du in dieser Situation Gas wegnehmen würdest!“.

Kurbelstützen

Herausdrehbare Ständer, die beim abgestellten Wohnwagen in der Regel nachts ein Aufschaukeln verhindern und im Normalfall die Reifen schonen. Dauercamper erkennt man daran, daß bei ihren Wohnwagen die Kurbelstützen im ausgefahrenen Zustand eingerostet sind.

L

Lastverteilung

Damit ist nicht etwa die gerechte Verteilung der Hausarbeit gemeint, nein, etwas viel Wichtigeres: Vor der Fahrt muß der Chef-Fahrer (siehe Fahrersitz) das Gepäck so verstauen, daß Vorder- und Hinterachse des Fahrzeugs etwa gleich belastet werden. So ist es auch beim Boot, mit dem Unterschied, daß es dort keine Vorder- und Hinterachse gibt. Nur Boots-Laien sprechen hier von einem Vorder- und von einem Hinterteil.

Lastwagen-Fahrgestell

Unterbau mancher Wohnmobile, der dank seiner robusten Federung einen unschätzbaren Vorteil hat: Er informiert seine Mitfahrer offen und ehrlich über die Beschaffenheit der Fahrbahn.

Lee

Englischer Schauspieler, Vorname Christopher. Ist für Camper nur von Bedeutung, wenn sie sich in Transsylvanien verirrt haben sollten. Als Begriff der Schiffahrt bedeutet Lee immer die dem Wind abgekehrte Seite des Bootes. Christopher Lee dient als Eselsbrücke für die, die sich den Unterschied zwischen Luv und Lee nicht merken können: Lee spielte sehr häufig in seinen Filmen die Rolle eines Vampirs. Und diese Viecher können bei Wind nicht besonders gut fliegen, also nähern sie sich einem Boot immer von der dem Wind abgekehrten Seite, eben von Lee.

Lehrer-Wohnmobil

Reisemobil der mittleren Preisklasse, denn: Lehrer-Ehepaare sind beim Kauf eines Wohnmobils in einer Zwickmühle. Einerseits wollen sie nicht so viel Geld ausgeben, weil sie fürs Häusle sparen, bei dem Vater Staat mit einem günstigen Beamtenkredit hilfreich unter die Arme greift. Auf der anderen Seite brauchen Lehrer aber ein Wohnmobil – denn sie haben vergleichsweise viele Ferien. Womit wir nicht unterstellen wollen, daß Lehrer die Unwahrheit sagen, wenn sie behaupten, sie würden in den Ferien ihren Unterricht vorbereiten. Wir glauben das. Unterricht kann man schließlich auch an der Adria statt in Passau und an einem Campingtisch statt an einem Schreibtisch vorbereiten. Wird hier jemand neidisch?

Loten

Bei Wassersportlern und Campingfreunden hat Loten zweierlei Bedeutung:

1. Unter Loten verstehen Wassersportler das Ausmessen der Wassertiefe mit Senkblei oder anderen Hilfsmitteln, wie zum Beispiel Echolot.
2. Caravanisten und andere Camping-Fans meinen, wenn sie von Loten sprechen, das vorsichtige Annähern an den Wohnwagen oder das Wohnmobil bei der späten Rückkehr von einem Kneipenbummel, den sie ohne den Ehepartner unternommen haben. Ähnlich wie die Wassersportler können auch die Campingfreunde unter Umständen bei unvorsichtigem Ausloten auflaufen ...

Lüa

Lüa ist kein skandinavischer Vorname und auch nicht der Name einer Möwe. Lüa ist einfach die Abkürzung für „Länge über alles“.

Lehrer-Wohnmobil

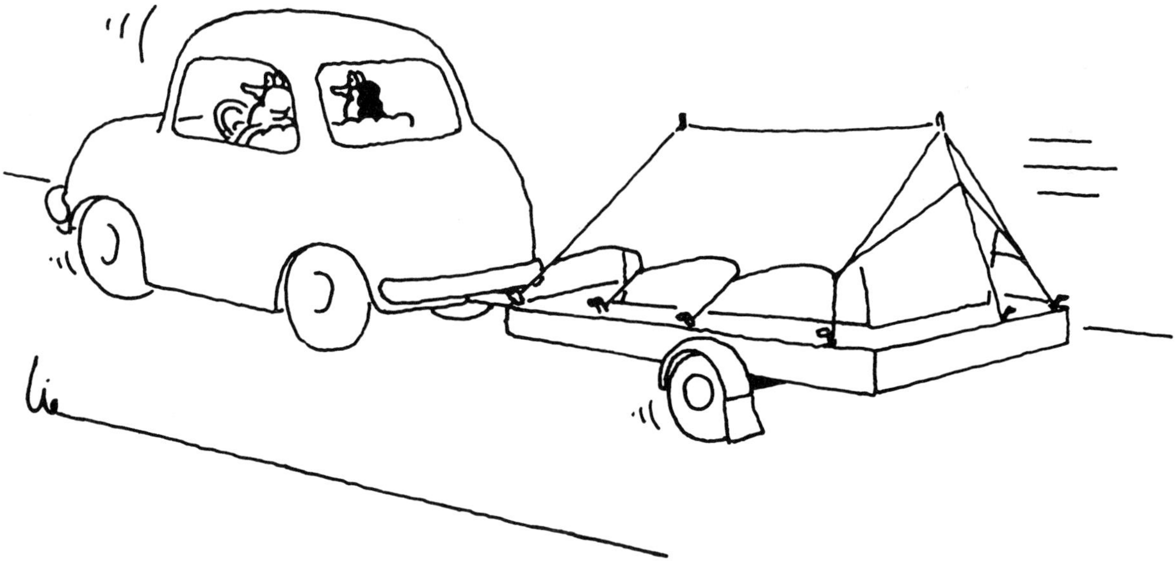

Nachbarn

„Andrang hin, Andrang her – suchen Sie sich gefälligst ihr eigenes Plätzchen!“.

M

Mast

Begriff aus der Landwirtschaft, der die Aufzucht und das widernatürliche Wachstum durch übermäßige Futterverabreichung bezeichnet. In Seglerkreisen ist der Mast bekannt. Ihm geht es wie den gemästeten Tieren: Mutet man ihm zuviel zu, bricht er.

Mittags-Ruhepause

Festgelegte Zeit, während der der Campingplatz jeden Tag hermetisch abgeriegelt ist. Es stimmt übrigens nicht, daß der örtliche Telegrammbote und die Feuerwehr Mitteilungen erhalten, wonach Bote und Feuerwehr um die Mittagspause-Zeit gar nicht erst Richtung Campingplatz auszurücken brauchen, weil sie unter Hinweis auf die Platzordnung ja doch nicht an den Adressaten oder ans Feuer gelassen werden, wenn sich beides innerhalb des Platzes befindet.

Mittelmeer

Größter Übungsplatz für deutsche Wassersportler, die dort weitestgehend unter sich sind.

Motor-Home

Meist unbeheiztes Nebenzimmer einer Autowerkstatt, in dem Ersatzmotoren lagern. Aber auch: Englische Bezeichnung für Motorraum.

N

Nachbarn

Menschenschlag, der schwer zu beurteilen ist. Manche Camper lieben Nachbarn und übernachten bevorzugt auf Campingplätzen, andere verabscheuen sie und ziehen es vor, ihren Wagen in Zentral-Anatolien oder in der Wüste von Nevada aufzustellen. Aber auch dort gibt es Nachbarn: Sie haben manchmal sechs

Beine und riesig lange Fühler, oder sie haben vier Beine und ein hungriges Maul. Manchmal haben sie gar keine Beine und äußern sich durch Zischeln und Klappern.

Navigation

Ist jene Kunst, sich in der endlos erscheinenden Wasserwüste so zurechtzufinden, daß man dort ankommt, wo man hinwill. Dank derjenigen, die nicht navigieren konnten, wurden solch große Taten wie die Entdeckung Amerikas vollbracht. Christoph Columbus konnte seine navigatorischen Unfähigkeiten nur so geschickt vertuschen, daß jedermann glaubte, er wäre angekommen, wo er hinwollte. Aber mal ehrlich, wer fährt denn in Richtung Amerika, wenn er nach Indien will? Wie sagten schon die alten Römer? Navigare necesse est!

Netzkabel

Verbindung des geparkten Motorcaravans mit dem örtlichen Elektrizitätswerk. Leider nimmt die elektrische Energie den Umweg über einen Stromzähler. Das Netzkabel verabschiedet sich in der Regel von dem Camper mit einem patschenden Knall, denn es wird am Ende des Aufenthalts auf dem Campingplatz oft in die Länge gezogen, bis es reißt. Der Grund: In der Aufbruchstimmung vergißt der Camper immer gerne, vor der Abfahrt den Stecker aus dem Wohnmobil zu ziehen.

O

Offiziersmesser, Schweizer

Unentbehrliches Werkzeug für alle, die sich mehr oder weniger von dem zivilisierten Teil dieser Erde entfernt haben. Also unentbehrlich für Camper, Caravanisten und Wassersportler. Hat man zum Beispiel den Büchsenöffner vergessen, hilft das Messer aus. Der Zahnstocher kann zum Beispiel nebenbei noch

Navigation

als Fuß- und Fingernagel-Reiniger und der Korkenzieher als Ersatz-Nasenbohrer verwendet werden.

Optimist

Boot einer bestimmten Bootsklasse (siehe dort), das vornehmlich für Anfänger, Jugendliche und Segel-Schüler gedacht ist. Je nach Lernerfolg steigt der Segel-Schüler nach bestandener Führerschein-Prüfung entweder auf eine der olympischen Bootsklassen (Tornado, Star oder 470er) um, oder er muß in die Vaurien-Klasse. Vaurien ist dem Französischen entliehen und heißt soviel wie Taugenichts ...

P

Palstek

Der Palstek ist ein Knoten, mit dem früher vorlaute Wassersportler an den Steg gebunden wurden. Der Steg war so etwas wie ein Pranger und wurde Prahlsteg genannt. Im Laufe der Zeit verlor sich die Sitte des Prahlsteg-Bindens, der Knoten aber blieb erhalten. Nur der Name des Knotens veränderte sich im Laufe der Zeit von Prahlsteg in Palstek.

Pfiff

Pfiff ist das, was nach den Kritiken einiger Motorjournalisten manchen Autos fehlt. Eine bestimmte Art von Pfiff ist allerdings auch von den Motor-Schreibern nicht erwünscht: Der Pfiff, der entsteht, wenn aus dem linken Vorderradreifen die Luft entweicht. Dann vergessen auch Motor-Tester, daß sie sich für pfiffig halten, und werden wütend, daß es pfeift.

Pick-up

1. Begriff aus der Wohnmobilszene, mit dem anhängliche oder aufsässige Anhalter beschrieben werden.

Optimist

Power-Boat

2. Kein Mädchen, das ein Caravan-Fahrer vom Straßenrand aufgepickt hat. Ein Pick-up ist ein Wohnmobil ohne Fahrgestell. Zusammen mit einem Lastwagen ergibt das ein Reisemobil. Die Pick-up-Technik ist interessant für Fuhrunternehmer, die sich auch im Urlaub nicht von ihrem Laster trennen können.

Piraten
Jener Menschenschlag, der sich als Freibeuter auf den Meeren des Mittelalters herumtrieb und harmlose Handelsschiffe aufbrachte, plünderte und versenkte. Wie so vieles wurden auch die Piraten zivilisiert und treiben jetzt ihr Unwesen legal. Sie arbeiten in unserer Zeit als Hafenmeister und kassieren von armen Sportschiffern unnötig hohe Hafen- und Liegegebühren.

Planken
Bretter, die für einen richtigen Wassersportler die Welt bedeuten, Kunststoffboote verdrängen immer mehr das lustige Spiel „einen über die Planke schicken“.

Platzwart
Wart am Platz, der durch seine Warterei auf Verstößc gegen die Platzordnung manche Platzbenutzer gelegentlich vor Wut zum Platzen bringt.

Power-Boat
Auf deutsch Kraft-Boot. Diese hochmotorisierten, lauten und ungemütlichen Wasserfahrzeuge haben einzig und allein die Aufgabe, irgendeinen Ozean so schnell wie möglich zu überqueren, damit der jeweils schnellste Kapitän später seinen Namen im Guiness-Buch der Rekorde nachlesen kann.

Pullen
Nein, mit Pullen ist die Mehrzahl von Flaschen (Einzahl: Pulle) nicht gemeint. Jedenfalls nicht in diesem Buch. Pullen bedeutet in der Seemannssprache vielmehr die meist schweißtreibende Tätigkeit, bei der ein Boot mittels Muskelkraft und Ruderblättern bewegt wird. Nur Wassersport-Laien sagen zum Pullen „rudern“.

Reling

R

Ratsch-Bumm-Effekt

Effekt, der VW-Bus-Fahrer und -Camper von anderen Wohnmobilisten unterscheidet. Ertönt morgens ein lautes „Ratsch" auf dem Campingplatz, weiß jeder: Familie Maier hat bei ihrem Bus die große Seitentür geöffnet. Beim „Bumm" ist die Tür wieder zu. Aus unverständlichen Gründen sind sowohl schwer schließende VW-Bus-Türen wie auch besonders früh aufgestandene VW-Bus-Camper auf vielen Campinplätzen unbeliebt.

Ravioli

Roter Papp aus der Büchse, Ernährungsmittel aus der Frühzeit der Camperei. Mittlerweile abgeschafft und ersetzt durch „Grillen" (siehe dort). In der Wirkung auf die menschliche Verdauung werden Ravioli nur noch von „baked beans" übertroffen.

Reffen

Hat viel mit „Raffen" gemeinsam. Allerdings wird beim Reffen Segelfläche eingeholt und kein Geld, wie beim Raffen. Daß es bei Leuten, die reffen, auch Leute gibt, die raffen, kann nicht ganz ausgeschlossen werden.

Reling

An Booten und Schiffen befindliches Geländer, das die Aufgabe hat, Landratten, die Neptun opfern oder die Fische füttern wollen, vor dem Sturz in die Fluten zu bewahren.

Rheuma-Wiese

Absolut veralteter Begriff für „Campingplatz". Rheuma holt sich heutzutage kein Caravanist mehr auf dem Campingplatz. Die Klima-Anlage sorgt für immer gleichbleibende, trockene Luft im Caravan und Wohnmobil. Deshalb kommt der Begriff „Klima-Anlagen-Sommerschnupfen-Feld" immer mehr in Mode.

Rost

Von Besitzern metallener Boote wie der Klabautermann gefürchteter Zustand des Metalls. Es gibt zwei Maßnahmen gegen den Rost: Entweder man entfernt den Rost, was aber viel Mühe bereitet, oder man nötigt den rostigen Stellen viel Farbe auf den braunen Leib und verkauft das Boot anschließend möglichst schnell.

Rumpf

Unter anderen Faktoren entscheidet vor allem die Rumpfform über die Schnelligkeit eines Bootes. Viele millionenteure Versuche wurden gemacht, um die geschwindigkeitsoptimierte Rumpfform zu finden. Großrechenanlagen wurden angestrengt und druckten nach tagelangen Rechenvorgängen die optimale Bootsrumpfform aus: Er entsprach genau dem Rumpf eines Wikingerbootes, den unsere Vorfahren einfach Pi mal Daumen gebaut hatten!

S

Sandbank

Bei Wassersportlern und Wohnmobilbesitzern gleichermaßen zwiespältige Gefühle hervorrufendes Stück Land, das zeitweilig unter Wasser steht. Wassersportler lieben Sandbänke, wenn sie in Seekarten eingetragen sind, als ungestörte Ankerplätze. Sind sie jedoch nicht eingetragen, stoßen Sandbänke zuweilen auf heftige Abneigung, zumindest bei dem Boot, das die Sandbank als erstes entdeckt. Camper begrüßen Sandbänke zumeist als romantische Inseln im Wattenmeer, auf denen man so herrlich ungestört übernachten kann. Spätestens beim Auflaufen der Flut ändern sie aber ihre Meinung.

Sandbank

„Segeln – das ist das einzige, was du im Kopf hast!"

Sandwichboden

Im Boots- wie im Caravanbau verwendeter Ausdruck für einen Boden, der aus verschiedenen Materialien hergestellt wurde. Hat seinen Namen von der recht unappetitlichen Sitte der Boots- und Caravanbauer, ihr Frühstücksbrot halb aufgegessen auf den Boden zu werfen und anschließend darauf zu warten, daß es irgendein Azubi wegräumt. Als der Azubi einer größeren Bootsfirma mal Urlaub hatte, sammelten sich soviele Brote an, daß sie eine feste Schicht bildeten. Und zwar so fest wie kein anderes bisher bekanntes Material. Da Frühstücksbrotboden sehr werbeunwirksam klingt, wurde der neue Boden ganz einfach und werbewirksam Sandwichboden genannt.

Scheibenbremse

Ähnlich wie die Auflaufbremse (siehe unter „Bremse") ist die Scheibenbremse eine praktische Automatik an der Wurst- und Brotschneidemaschine, die verhindert, daß Camper im Urlaub zu viel zunehmen. Einmal eingestellt, gibt die Maschine nur eine festgelegte Menge an Brot- und Wurstscheiben ab. Eingestellt wird die Maschine übrigens an Neujahr, wenn man sich mal wieder den guten Vorsatz geschworen hat, im neuen Jahr etwas abzuspecken.

Schiebetür

Die Schiebetür ist das Autoteil bei einem VW-Bus, das in erster Linie für den „Ratsch-Bumm-Effekt" (siehe dort) verantwortlich ist.

Schiffahrtsämter

Böse Zungen behaupten, die Schiffahrtsämter seien weltweit die größten unbeleuchteten Schiffahrtshindernisse. Das ist nicht wahr, denn das Londoner Schiffahrtsamt ist beleuchtet.

Schlauchboot

Schlauchboote heißen nicht etwa so, weil sie aus einer aufblasbaren, schlauchförmigen Gummiwurst bestehen, sondern weil das Aufpumpen des Bootes vor dem „Ins-Wasser-lassen" den Besitzer jedesmal so schlaucht, daß er sich immer wieder

Schlauchboot

Schlepper

„Er ist zwar nicht mehr fahrbereit – aber unterkellert.“

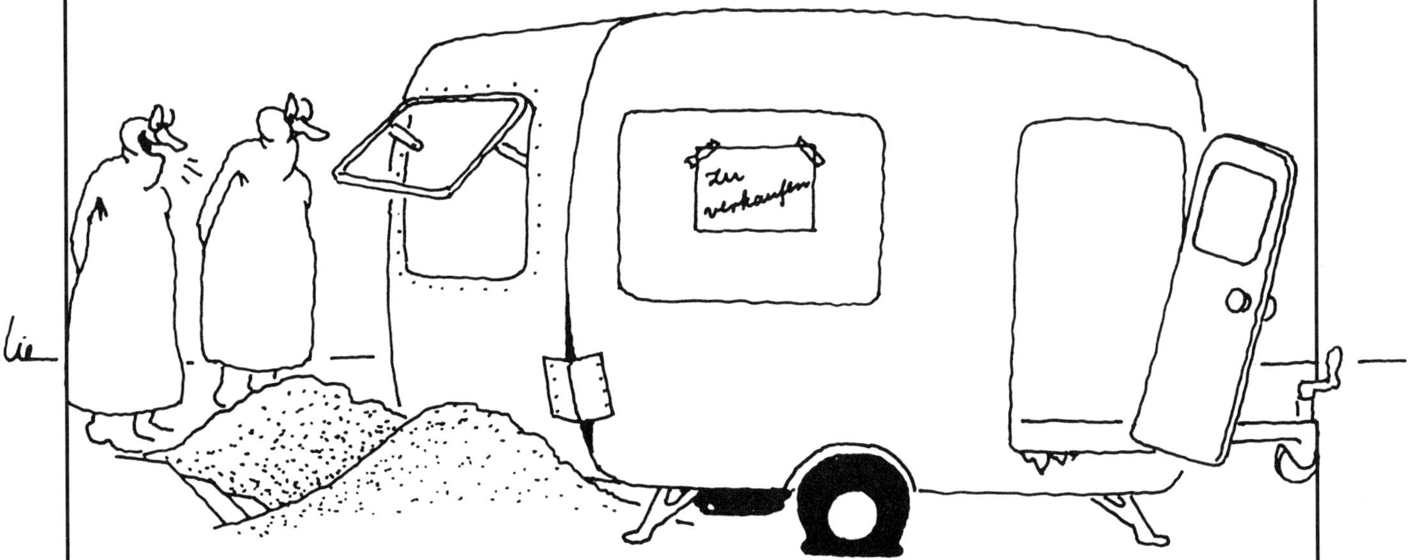

schwört: Nie wieder Schlauchboot! Im nächsten Urlaub wird er dann aber immer wieder angesichts der leichten Verstaubarkeit des Bootes samt Zubehör auf diesen Bootstyp zurückgreifen.

Schlepper Häßliches Wort für einen Boots- oder Wohnmobilverkäufer.

Schleppzug Bootsverkäufer mit einem potentiellen Kunden.

Schleuse Lift für Bootsfahrer. Die Schleuse hebt das Schiff samt Besatzung einige Stockwerke nach oben, damit die Passagiere über die Flußufer schauen und die Landschaft genießen können. Gewässer in einer schönen Landschaft, wie zum Beispiel der Neckar, haben daher besonders viele Schleusen. Nachteil: Schleusen sind meist gebührenpflichtig und können nicht umfahren werden – außer von wildwassererprobten Kajak-Artisten.

Schwerkraft Nach jeder Pause werden Reisemobil-Benutzer an die unerbittlichen Gesetze der Schwerkraft erinnert. Die Bewohner haben zwar alles weggeräumt, was irgendwie runterfallen oder umkippen kann. Doch es gilt die Regel: Irgend etwas verabschiedet sich immer mit Geklirre, wenn der Wagen anfährt.

Schwert Eine seit der Bronzezeit gebräuchliche Hieb- und Stoßwaffe für den Nahkampf. Das Schwert gibt es mit ein- oder zweischneidiger Klinge. Für die Schiffahrt erlangte das Schwert Bedeutung, als im ersten Punischen Krieg (264–241 v. Chr.) während der Seeschlacht von Mylae (260 v. Chr.) ein römischer Seesoldat ein karthagisches Schiff versenken wollte. Er rammte sein Schwert in den Boden des gegnerischen Schiffes, das aber nicht sank, sondern weiterschwamm. Es konnte sogar noch besser gesteuert werden, da durch das Schwert die seitliche Abdrift verringert wurde. Die Römer gewannen die Schlacht trotzdem, übernahmen die Idee des Schwertes im Schiffsrumpf, obwohl bei der

Erprobung dieser neuen Technik einige Schiffe gesunken sein sollen. Dann gewannen sie die weiteren Kriege (man munkelt, auch wegen der Schwerter) gegen Karthago. Und so gibt es heute in fast allen Segelbooten Schwerter. Die sind aber heute, damit sich niemand an ihnen schneidet, aus Holz, Aluminium oder Kunststoff.

Seekarte

Eine Seekarte ist eine Postkarte, die auf einem Törn (siehe dort) in Ermangelung eines nahen Postamtes per Flaschenpost abgeschickt wurde. Es soll durchaus schon vorgekommen sein, daß Seekarten eher ihren Empfänger erreichten als normale Urlaubskarten, die auf dem Landweg verschickt wurden.

Seeschiffahrtsstraßen-Ordnung (SeeSchStrO)

Was ist das?

Seestraßen-Ordnung (SeeStrO)

Siehe Seeschiffahrtsstraßen-Ordnung (SeeSchStrO).

Segel

Nur das Brockhaus-Lexikon definiert Segel als „Fläche aus besonders appretiertem, auch beschichtetem Segeltuch zur Ausnützung der Windkraft für die Fortbewegung von Wasserfahrzeugen." Jeder Bootsbenutzer und -besitzer weiß es aber besser. Ein Segel ist jenes Teil des Bootes, das sich permanent weigert, sich so zu drehen, daß es zur Fortbewegung des Wasserfahrzeuges benutzt werden kann.

Segeltragezahl

Zahl, die leicht mit der folgenden Formel berechnet werden kann: Gewicht eines Quadratmeters Segeltuch mal (Bizepsdurchmesser plus Trizepslänge) geteilt durch die Anzahl der anpackenden Arme mal der Größe des Segels in Quadratmetern. Die Segeltragezahl gibt darüber Auskunft, wieviel Leute man benötigt, um das gesamte Segelzeug an Bord zu bringen. In südlichen Ländern kann man mit der Segeltragezahl auch ausrech-

Seekarte

„Die Karten sagen, es wird Wind geben.“

Spannleinen
„Für das Geld hätten wir uns besser gleich eine Zeltausrüstung gekauft!“.

nen, wieviel Trinkgeld man aufbringen muß, damit genügend Leute mitanpacken.

Slip

Heiliger Klabautermann, nicht das, was Sie gerade denken. Eine Slipanlage ist eine Aufschleppanlage, mit der Schiffe oder Boote entweder ins Wasser gleiten oder aus dem Wasser herausgeholt werden können.

Spannleinen

Kleine, unscheinbare und wichtige Ausrüstungsgegenstände für Wohnmobilisten mit Vorzelt. Das Fehlen der Spannleinen sowie das Bemerken des Verlustes kurz vor Erreichen des Urlaubszieles (siehe: Aufstellstangen) führt im günstigsten Fall zu einer kurzzeitigen Verstimmung unter den Mitfahrern, schlimmstenfalls müssen Spannleinen als Grund für eine Scheidung herhalten.

Stander

Viereckige Flagge, deren vierte Ecke bei einem harten Wendemanöver über Bord gegangen ist. Hieß auch ursprünglich Ständer, doch sind die beiden ä-Pünktchen beim Versuch, die vierte Ecke zu retten, mit über Bord gegangen und konnten nicht wiedergefunden werden.

Standheizung

Unentbehrliches Ausrüstungsstück bei Wohnmobilen, die für Wintercamping (siehe dort) eingesetzt werden sollen. Es gibt verschiedene Arten von Standheizungen: Solche, die mit Petroleum betrieben werden (stinken und rußen), solche, die mit Benzin oder Diesel betrieben werden (stinken, rußen und explodieren gelegentlich), und solche, die in Form eines Lagerfeuers nur außerhalb des Wohnmobils betrieben werden dürfen (stinken und rauchen, rußen nicht, heizen aber auch nicht). Camper, die das Geld für den Einbau einer Standheizung in ihr Wohnmobil sparen wollen, haben ein Geheimrezept: Sie fahren nur zu zweit zum Wintercamping!

Stauraum

Stauraum

1. Raum in einer Segelyacht oder einem anderen Boot, in dem die persönlichen Utensilien der Mitfahrer untergebracht werden. Gibt es auch in Wohnwagen oder Wohnmobilen.
2. In der Sommerzeit treten häufig sehr große Stauräume auf, die auch gerne und intensiv von vielen Urlaubern genutzt werden: die Autobahnen in die Feriengebiete. Autobahn-Abschnitte, die überdurchschnittlich oft im Radio genannt werden und zum Aufstauen von Autolawinen dienen. Verkehrsplaner bestreiten, daß sie dieses Prinzip von Regen-Rückhaltebecken abgeguckt haben.
3. Raum im Auto, Wohnwagen oder Wohnmobil, der zum Zustopfen mit Plastiktaschen, Decken, Kochgeschirr und dem Zweitschlüssel (siehe dort) gedacht ist. Sein Rauminhalt wird in Litern angegeben und gemessen, indem man genormte Kugeln hineinschüttet und die Zahl der Kugeln angibt, die in dem Stauraum bequem Platz finden. Da Koffer, Taschen und Kisten selten rund sind, stimmen Ball-Theorie und Taschen-Praxis nicht überein.
4. Raum (mit meist nassem Fußboden) vor der Dusche am Campingplatz, an dem sich morgens, frierend und noch ein wenig muffig-verschlafen, die Duschwilligen stauen.

Steg

Für Schüler: Fender-zerstörendes Schiffahrtshindernis, an das erst nach mehreren, vergeblichen Versuchen richtig angelegt werden kann. Für Profi-Skipper: Laufsteg, den man grundsätzlich nur mit lässig-legerer Skipper-Bekleidung und mit dem Zündschlüssel in der Hand betritt, um den am Ufer sitzenden, staunenden Zuschauern zu imponieren.

Steilwandzelt

Besonders robustes Vorzelt, das sich hervorragend für den hochalpinen Einsatz sowie als Vorzelt für „Eiger-Nordwand-Wohnwagen“ eignet.

Streit Lautstarke Auseinandersetzung, die sich bei Nicht-Teilnehmern des Streites außerordentlicher Beliebtheit erfreut. Die Zuhörer bekommen ein wahres Stück geboten, mit meist neuen Schimpfwörtern, unzensiert und wie im richtigen Leben, für das sie keinen Extra-Eintritt zu zahlen brauchen. Hier kommt leider viel zu oft ein Nachteil der Wohnwagen und Reisemobile gegenüber den Zelten zum Tragen: Bei Wohnwagen und Reisemobilen schließen Türen und Fenster manchmal so dicht, daß man den Verlauf des Streits nicht immer lückenlos verfolgen kann: Leider endet die Information dann, wenn es interessant wird, weil die Akteure sich zum Austausch von pikanten und höchst hintergründigen Details aus dem Privatleben ins Innere ihrer Behausung verziehen.

Stricke Wer dieses Wort in den Mund nimmt, verrät sich als wassersportunkundige Landratte, die an Bord wenig verloren hat. Dabei weiß doch jeder, daß die Tampen dünne Seile sind, mit denen das Segel befestigt wird, und daß der Anker an einem Want hängt, oder?

Supermarkt Größerer Laden am Campingplatz, der alles Überlebensnotwendige bietet. Seinen Namen hat er von seinen Preisen; die sind super – aber nur für den Laden-Inhaber.

Surfbrett Beliebte Dachlast auf Autos, die allen Überholern und Entgegenkommenden signalisiert: Platz gemacht, ihr Touristen, hier kommen wir Aktiven. Im Winter wird das Surfbrett auf dem Dach gegen Skier ausgetauscht.

Surfbrett

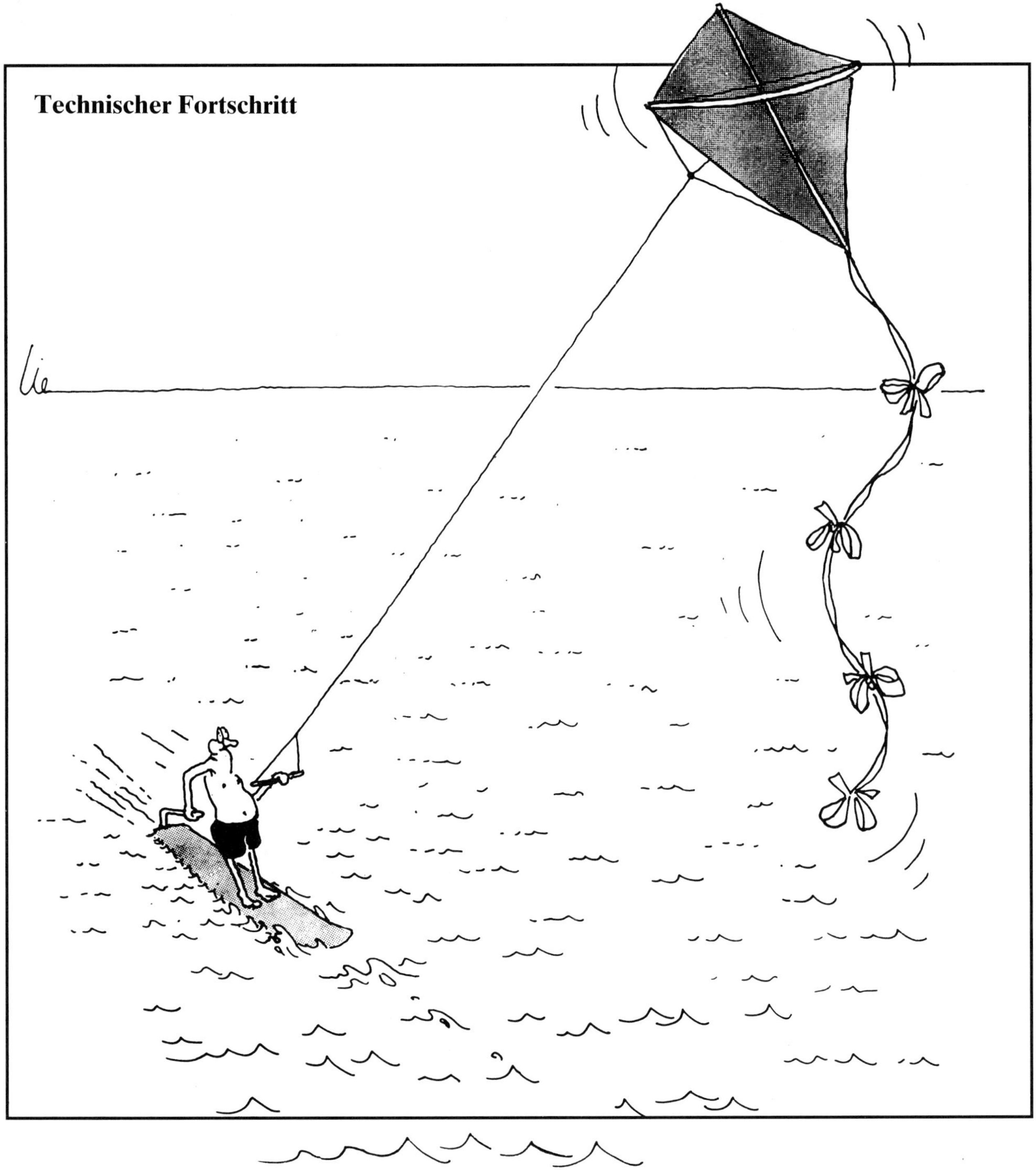
Technischer Fortschritt

T

Tankkontrolle

Die Tankkontrolle ist das Wissen um den Füllstand des Frischwasser- und Abwassertanks. Alte Camping-Hasen kennen noch den Spruch: „Wenn der Abwassertank voll ist, muß der Frischwassertank leer sein."
Auch Zöllner kennen das Wort, meinen aber damit etwas anderes. Sie kontrollieren den Inhalt des Kraftstoff-Tanks. Vorsicht bei der Einreise von der See her (über Ostfriesland) sowie über Österreich! Manche Beamte dort benutzen zur Sicht-Kontrolle ein Streichholz, mit dem sie in den zu kontrollierenden Tank hineinleuchten. Ein Tip: Diese Beamten sind gut von ihren Kollegen zu unterscheiden: Es sind die mit den rußgeschwärzten Gesichtern und der angesengten Frisur.

Technischer Fortschritt

Es gibt den technischen Fortschritt bei Reisemobilen und Booten genauso wie bei den Autos: Sie alle fahren, rußen und stinken nach dem gleichen Prinzip wie vor 100 Jahren. Ausstattungs-Details, die heute so mancher Hersteller rühmt, hatte schon der Küchenzug-Wagen des Deutschen Kaisers: Stehhöhe, Klappsitze und Ventilationsfenster.

Tiefgang

Begriff, der jenen geistigen und körperlichen Zustand eines Menschen bezeichnet, der viel zu lange in einer gemütlichen Hafen- oder Campingplatzbar gesessen hat.

Tonne

Nein, nicht die von Diogenes (siehe dort). Tonnen sind heutzutage als Wohnstatt außer Mode. Einzig die Schiffahrt kommt ohne diese Behälter immer noch nicht aus. Dort gibt es verschiedene Tonnen, die als schwimmende Seezeichen auf Schiffahrtshindernisse oder Wasserstraßen aufmerksam machen: Kugeltonnen, die eben die Form einer Kugel haben, Leuchttonnen,

Törn

die durch Leuchtzeichen warnen, und Spitztonnen, in denen ein kleiner, weißer Hund sitzt, der bei Annäherung eines Wasserfahrzeugs bellt.

Topp

Wassersportler kennen das Topp als Spitze eines Mastes. Campingfreunde kennen höchstens das Sonnentop, ein leichtes, einteiliges Bekleidungsstück für Damen im Sommer. Manch leichtes Top ließ jedoch schon einen Wassersportler bis zum Topp steigen, um einen besseren Aus(Ein-)blick zu bekommen.

Törn

Seemännischer Begriff, der soviel wie Fahrt oder Ausflug bedeutet. Kommt ursprünglich aus dem englischen Sprachraum (to turn = kurven, drehen). Die ersten Wassersportler hatten nämlich noch arge Probleme mit der Navigation, so daß sie früher oder später nur noch im Kreis, eben einem „Turn“, fuhren.

Trailer

Wenn kein Wasser vorhanden ist, dann benötigt der Kapitän einen Trailer, um sein geliebtes Stück an ein Auto angehängt zum Ziel zu bringen. Dann gilt die Straßenverkehrsordnung. Anders ist die Rechtslage bei Hochwasser, wenn das Boot aus eigener Kraft die Straße benutzen kann. Ein Verkehrs-Jurist: „Die Straßen-Höchstgeschwindigkeit, umgerechnet in Knoten, gilt dann, wenn das entsprechende Schild noch aus dem Wasser herausguckt und vom Skipper erkannt werden kann.“

Traumschiff

Eigenes Boot mit individueller Ausstattung. Löst bei jedem potentiellen Bootsbesitzer wohlige Gedanken und angenehme Träume aus, die sich auf den nächsten Urlaub mit dem Traumschiff beziehen. Bei Bootseignern hingegen löst das Traumschiff in der Regel immer wiederkehrende Alpträume wegen der noch nicht bezahlten Raten aus.

Treibstofftank

Für Caravanisten und Wassersportler gleich wichtiges Ausrüstungsutensil, das besondere Aufmerksamkeit verlangt. Fällt

Treibstofftank, leerer
„Bist du sicher, daß durch Anschieben der Motor anspringt?“.

beim Wohnmobil die Standheizung beim Wintercamping aus, weil der Treibstofftank leer ist, erlebt der Camper hautnah, wie sich ein Joghurt im Kühlschrank fühlt. Und wenn der Treibstofftank eines größeren Motorbootes während der sonntäglichen Ausflugsfahrt auf dem Chiemsee plötzlich keinen Tropfen Sprit mehr enthält, kann der Freizeitskipper seine Passagiere die ganze Dimension dieses herrlichen Reviers errudern lassen.

Trommelbremse

1. Gut verschließbare Kiste, in der die Trommel des Jüngsten aufbewahrt wird, wenn Eltern und Nachbarn mal ihre Ruhe haben wollen.
2. Besondere Regenrinne an Wohnwagen und Reisemobilen, die das Trommeln des Regens an die Scheiben verhindert, zumindest aber dämpft (siehe auch Scheibenbremse).

Turmluke

Abnehmbares Dachfenster, nach Meinung von Laien dafür gedacht, Licht und Luft in das Innere des Campers zu lassen. In der Praxis hat die Turmluke andere Funktionen:

1. Sie trainiert das Gedächtnis. Kein Camper darf jemals vergessen, das über Nacht ausgehängte Dachfenster vor der Weiterfahrt wieder einzuhängen (siehe Checkliste).
2. Sie dient dazu, die Orientierung wiederzufinden. Ein auch im Segeln erfahrener Camper kann, wenn der Fahrtwind ihm seine Karten durch das offene Fenster gesaugt hat, seinen Kopf aus dem Dachfenster stecken und mit einem Sextanten und mit Sternkarten seine Position ermitteln.
3. Die Luke ist unentbehrlich zur vorsichtigen Kontaktaufnahme nach draußen und zum Peilen der Lage. Zum Beispiel, wenn eine neugierige Schulklasse oder eine ebenso neugierige Schafherde den Camper umzingelt hat.

TÜV

Verein, der sich der technischen Überwachung verschrieben hat – so, wie andere Vereine sich auf die Erhaltung des Brauchtums oder auf den Briefmarkentausch spezialisiert haben. Die Unterschiede: Die Angestellten dieses Vereins glauben nicht selten, sie hätten den ganzen technischen Sachverstand der Welt für sich allein gepachtet. Und: Jeder Autofahrer, Reisemobil-Inhaber und Trailer-Besitzer ist von Gesetzes wegen gezwungen, einmalig oder in regelmäßigen Abständen die prachtvollen, mehrstöckigen Clubräume dieses Vereins aufzusuchen und sich die oft sehr negativen Meinungen der dortigen Sachverständigen über das mitgebrachte Gefährt anzuhören.

U

Übergewicht

Unzulässig erhöhte Masse des Gespanns, welche der Polizei Gelegenheit gibt, die Geldbörse des Fahrers um eine physikalisch geringe, aber finanziell spürbare Masse zu erleichtern. Trotz des schmerzhaften Entzugs ändert sich die Gesamt-Masse des Gespanns kaum (siehe „Zulässiges Gesamtgewicht", „Achslast" und „Fahrzeug-Waage").

Übernachtungsplatz

Bei der Suche nach einem Übernachtungsplatz mit dem Wohnmobil gelten zwei Regeln:

1. Geeignete Plätze werden um so seltener, je stärker die Dämmerung einbricht und der Tank sich leert.
2. Findet man trotzdem in der Dunkelheit ein geeignetes Fleckchen, dann entpuppt sich dieser Platz am nächsten Morgen garantiert als Fabrikeinfahrt oder, noch schlimmer, als Schulhof.

Übernachtungsplatz

„Wenigstens sparen wir uns das Überdach."

V

Ventil-Öffner	Werkzeug, das nicht unbedingt zur guten Nachbarschaft am Campingplatz beiträgt. Es kommt zum Beispiel – im Laufe der Nacht – nach folgendem Dialog zum Einsatz: Mehrfacher „Ratsch-Bumm-Effekt“ (siehe dort) an einem VW-Bus, Schrei aus einem der umliegenden Zelte: „Wieviel Türen habt ihr denn?“ Freundin zum VW-Bus-Fahrer: „Du, Jochen, ich glaube, wir müssen etwas leiser sein.“ Jochen: „Ach Quatsch, morgen fahren wir ja eh weiter.“ Wetten, daß Jochen am Morgen erst mal den linken Vorderreifen des VW-Busses wieder mit ausreichend Luft füllen mußte?
Venedig	Stadt der Bootsliebhaber. Dort gibt es alles, was ihr Herz höher schlagen läßt: Liefer-Boote, Bus-Boote, Feuerwehr-Boote, Kranken-Boote (mit Blaulicht), Personenkraft-Boote (PKB) und Lastkraft-Boote (LKB).
Verdunklungs-Rollos	Praktische Vorrichtungen an den Fenstern, die Neugierigen den Blick ins Innere des Reisemobils oder Wohnwagens – auch am Tage – verwehren. Wenn sich zwei Menschen intensiver als gewöhnlich mit sich beschäftigen wollen, empfiehlt es sich, vor dem Rückzug ins Wageninnere die Kurbelstützen auszufahren (warum? Siehe dort).
Verklicker	Pädagogisch geschulter Segel-Lehrer, der selbst dem letzten Dummkopf das Segeln beibringt, da er ihm alles sehr genau verklickert.
Vierenschläfer	Nein, hier schläft keiner auf allen Vieren. So nennt ein Reisemobil-Hersteller sein Produkt, in dem – nach seinen Angaben – vier Leute gleichzeitig schlafen können, ohne daß am Morgen einer von ihnen auf allen Vieren kriecht. Die Natur kennt den

Vierenschläfer

Vignettenfrei

„Bei den heutigen Preisen für die Campingausrüstung ist eine Urlaubsreise einfach nicht mehr drin!"

Vierenschläfer nicht, dafür aber den Siebenschläfer. Der trollt sich davon, wenn er einen Zweier- oder Vierenschläfer sieht – schleunigst, und zwar auf allen Vieren.

Vignettenfrei

Zauberwort, das die meisten Camper hinter dem Gasofen hervorlockt. Eine vignettenfreie Strecke (bei den lieben europäischen Nachbarn mittlerweile sehr selten) darf kostenlos benutzt werden. Auf, zu neuen Taten!

W

Wachhund

Vierbeiner, der beim Übernachten in einsamer Gegend eventuelle dunkle Gestalten vom Wohnmobil und seinen Bewohnern abwehren soll. In der Praxis sieht das so aus: Der Wachhund hört draußen im Dunkeln unbekannte Geräusche, er erschnüffelt das eine oder andere Lebewesen, das um das Reisemobil schleicht, und er sieht den Mond, den er anbellen muß, weil das die Hunde-Tradition so fordert. Aus den verschiedensten Gründen meldet sich also der Wachhund nachts im Schnitt jede Viertelstunde und gibt kräftig Laut – der Wachhund hält wach (siehe auch „Bulli“).

Wackelohren

Unschönes Wort für Zusatz-Außenspiegel. Mit den Außenspiegeln hört der Autofahrer, wenn er sich beim Überholen zu nah an das andere Fahrzeug herangewagt hat. Die Wackelohren machen dann zuerst ein schrappendes Geräusch und verabschieden sich kurz darauf mit einem knallenden Gruß gegen das Außenblech. Wenn der Autofahrer Pech hat, bekommt er anschließend – besonders in südlichen Ländern – vom Fahrer des anderen Autos die Ohren langgezogen.

Wasserlinie

Wahrschau

Nur Landratten halten „Wahrschau“ für eine falsche Schreibweise der polnischen Hauptstadt. Jeder richtige Wassersportler weiß, daß man bei Wahrschau aufpassen muß, denn es heißt soviel wie „Achtung!“ oder „Vorsicht!“.

Warmwasser

Für manche Campingplatz-Betreiber muß warmes Wasser etwas ganz Besonderes sein: Sie verlangen dafür ein paar Mark extra – was manche Campingplatz-Nutzer zum Erhitzen bringt, den Betreiber aber meist kaltläßt. Wie lange er kühl über die Beschwerden hinweggeht, bestimmen die Camper: Er bleibt kalt, bis sich die Camper für seinen Platz nicht mehr erwärmen können und ihn eiskalt links liegen lassen.

Wasser machen

Wasser machen ist eine Tätigkeit, die kleine Kinder mit Schiffen gemeinsam haben. Ein Beispiel: Wenn die lieben Kleinen im Sommer zuviel Eis schlecken, müssen sie über kurz oder lang Wasser machen (med.: „Wasser lassen“). In der Seefahrt war es mit der Titanic ähnlich: Sie hatte zuviel Eis-Kontakt und machte daraufhin Wasser.

Wasserlinie

Die Wasserlinie ist ein auf den Bootsrumpf gemalter Streifen, der dem Skipper und dem Meer zeigt, bis wohin der Spaß geht, und wo der Ernst anfängt. Da der Skipper die Wasserlinie von oben aus betrachtet, das Meer aber die gleiche Linie von unten, haben beide ab und zu verschiedene Auffassungen davon, bis wohin der Spaß gehen darf, den man mit dem anderen treibt.

Wasserschlauch

Wichtiges Werkzeug des Wohnwagens und für das Vertreiben fremder Straßenköter, die den Campern hartnäckig die Bratwürste in der Pfanne streitig machen wollen.

Wasserwaage

Neben dem Kocher das wichtigste Instrument aller Camper, das sie beim Aufstellen regelmäßig zur Verzweiflung treibt. Das rollende Eigenheim muß nämlich gerade stehen, damit der Kühlschrank funktioniert. Gleichzeitig muß es etwas schief stehen, damit das Wasser aus der Duschwanne abfließt … Diesen Widerspruch versucht auch der „Einwinker“ zu lösen (siehe dort).

Weckdienst Service, den die Polizei bei einsam stehenden oder bei besonders bunt angemalten Reisemobilen gerne, freiwillig und dazu noch kostenlos übernimmt. Die Beamten kommen bevorzugt im Morgengrauen und bringen bei den verschlafenen Bewohnern die Hirnwindungen auf Trab, indem sie sie ihre Ausweise suchen lassen. Die uniformierten Staatsdiener lassen sich gerne Warndreieck und Verbandskasten zeigen, was die Geweckten auch zu körperlicher Bewegung bringt. Und sie sind nett: Sie wünschen (fast) immer einen guten Morgen und verabschieden sich mit ebenso freundlichen Worten: „Auf Wiedersehen, alles weitere werden Sie dann mit der Post bekommen.“

Weltempfänger Radiogerät, mit dem man (fast) auf jedem Punkt der Erde deutsche Sender empfangen kann. Wird besonders gern von den Leuten benutzt, die sich auch im hintersten Orient über das Gezanke deutscher Politiker und die Staus auf der A 8 zwischen Stuttgart und Stuttgart-Zuffenhausen informieren wollen (siehe auch Autoradio).

Werft Jedem Bootsbesitzer bluten Herz und Geldbeutel, wenn sein Boot in die Werft muß. Der Grund liegt klar auf der Hand: Die Vorfahren der Werftbesitzer hatten sich als Strandräuber ihr Brot verdient, indem sie ahnungslose Schiffe durch falsche Leuchtfeuer an den Strand lockten und ausraubten. Die heute lebenden Nachfahren machen es ähnlich geschickt, nur sind die falschen Leuchtfeuer durch Hochglanzprospekte mit blendenden Angeboten für Werftliegezeiten und Reparaturkosten ersetzt worden.

Weckdienst

„Kann ich mal den Hausdurchsuchungsbefehl sehen?“

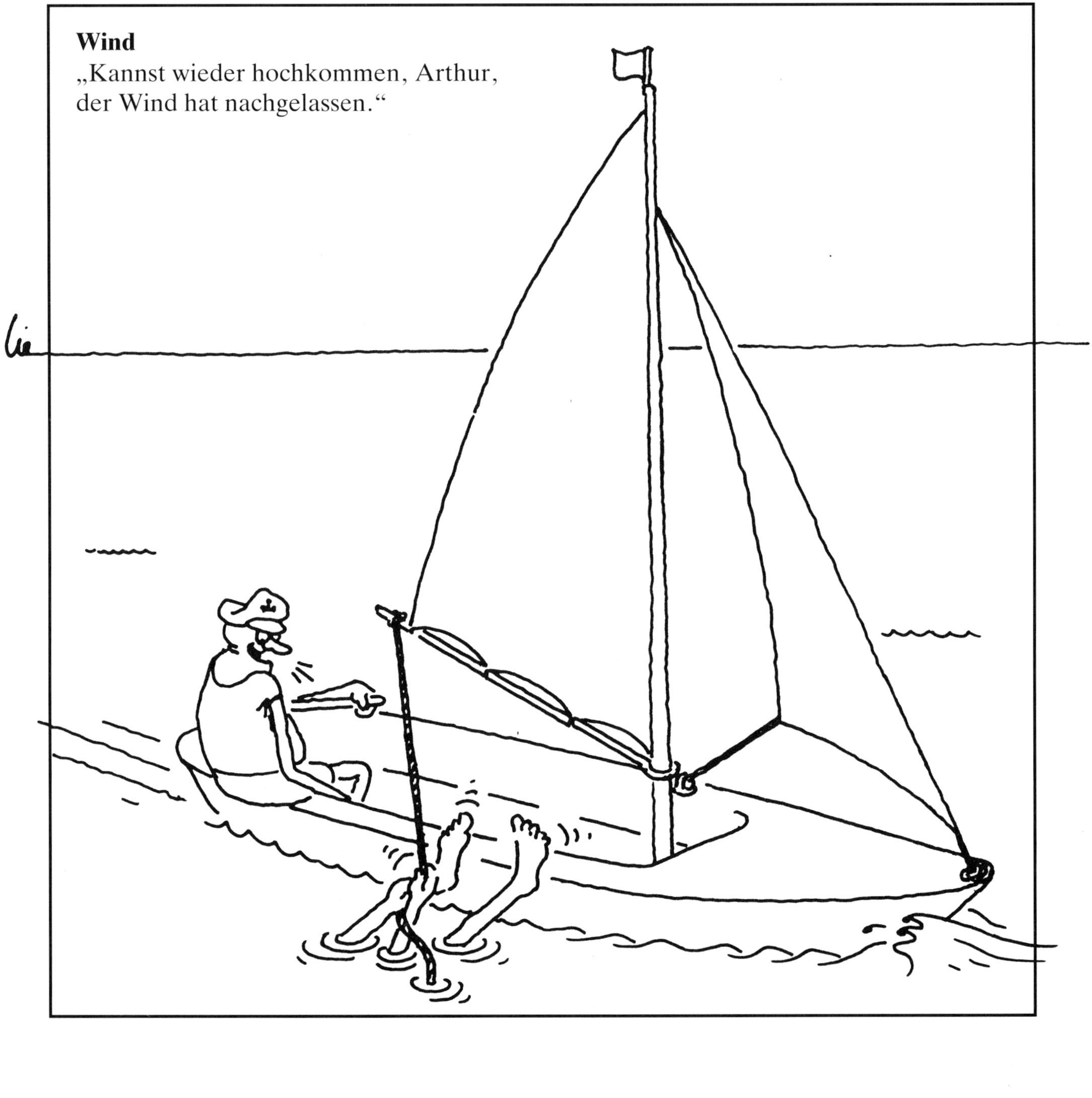

Wind
„Kannst wieder hochkommen, Arthur, der Wind hat nachgelassen.“

Wind	Nur im Märchen ist diese meteorologische Erscheinung ein himmlisches Kind. Besonders Segler haben unter dem Wind zu leiden. Bläst er von hinten, freuen sie sich. Bläst er direkt von vorne auf den Bootsbug, dann verfluchen sie ihn. Kommt er von der Seite, dann erwehren sie sich mit Computer oder mit Erfahrung. Doch das schert den Wind nicht. In dem Augenblick, wo sie wahren Wind, scheinbaren Wind und Fahrtwind rechnerisch unter Dach und Fach haben und wissen, wie sie die Segel (siehe dort) anstellen müssen, ändert der Wind nämlich seine Richtung und Stärke, worauf das Rechnen erneut beginnt. Die Segler können dann ihre alten Berechnungen über Bord werfen, was aber aus Umweltschutz-Gründen nicht erlaubt ist.
Wintercamping	(siehe auch Dauercamper). Die Fortsetzung einer ganz angenehmen, sommerlichen Freizeitgestaltung mit anderen Mitteln.
Winterdreck	Schmutz-Schicht, die aus der ehemals weißen Außenhaut des rollenden Heimes eine grauschimmernde Haut macht. Eine Camping-Fachzeitschrift kennt den Weg zum ursprünglichen Weiß. Sie empfiehlt: „Mit Waschen rückt man dem Winterdreck zu Leibe." Man lernt doch nie aus.
Wintergardinen	Wintercamper behaupten, Wintergardinen würden verhindern, daß Kälte durch die Fenster ins Wageninnere kommt. Winter-Hasser dagegen sagen, die Gardinen würden nur vor die Fenster gezogen, damit die Camper im Wagen nicht so deutlich den schrecklichen Schnee draußen sehen.
Wochenend-Häusle	Begriff aus dem Schwäbischen. Die Bewohner des Schwabenlandes meinen damit ein Reisemobil. Was Reisemobile bei den sparsamen Schwaben besonders beliebt macht: Im Gegensatz zum Wochenend-Haus aus Stein braucht man beim Bau oder Erwerb eines Reisemobils kein Geld für Grund und Boden auszugeben.

Wohnfläche Theoretische Größe, die übrigbleibt, wenn man von der Grundfläche eines Caravans, Wohnmobils oder Kabinenkreuzers die Flächen abzieht, die für die Küche (Kombüse), Alkoven (siehe dort), Fahrerhaus (Brücke), Naßzelle, Motorraum, Kleiderschrank, Spielzeugablage und Kosmetikköfferchen-Ablage benötigt werden. In der Praxis ist die Wohnfläche ein Wert, der, mathematisch ausgedrückt, gegen Null läuft.

Y

Yacht-Trailer Yacht-Trailer werden von intoleranten Autofahrern als GAHADA (**G**rößtes **a**nzunehmendes **H**indernis **a**uf **d**er **A**utobahn) bezeichnet. Aber wie soll man sonst seine 18-Meter-Yacht von der Nordsee an die Adria bringen, wenn nicht mit einem Yacht-Trailer? Und da die Mietpreise für die Trailer so hoch sind, bleibt einem nichts übrig, als den Trailer mit seinem eigenen VW-Käfer zu ziehen, oder?

Z

Zweitschlüssel Das, was bevorzugt und mit wachsendem Unmut gesucht wird, wenn der Erstschlüssel verlorengegangen ist. Der Zweitschlüssel ist so gut am oder im Wohnmobil versteckt, daß Diebe ihn nicht finden – berechtigte Besitzer allerdings zu oft auch nicht. Das nötigt den Ausgeschlossenen, nach der Schlüssel-Nummer einen Dritt-Schlüssel anfertigen zu lassen. Aufgeschlossene Psychologen nennen diesen Vorgang Schlüssel-Erlebnis.

Wohnfläche

„Also, du verteidigst unseren Vorplatz, und wir versuchen mal, den Strand zu finden."

Zweitwohnung Unklarer Begriff aus der Papierwelt der Finanzbeamten. Sie wenden ihn mal so an, mal so: Einige von ihnen versuchen, bei den Campern für die „Zweitwohnung" Steuern zu kassieren, ihre Kollegen aus dem jeweils anderen Landkreis erkennen dagegen Ausgaben für „doppelte Haushaltsführung" nicht an.

Zweitwohnung

DU WOLLTEST JA UNBEDINGT EINE FERIENWOHNUNG IM HOCHGEBIRGE!

Fröh·li·che Wör·ter·bü·cher von A bis Z

ISBN 3–8231–0135–8

ISBN 3–8231–0126–9

ISBN 3–8231–0127–7

ISBN 3–8231–0139–0

ISBN 3–8231–0116–1

ISBN 3–8231–0105–6

ISBN 3–8231–0138–2

ISBN 3–8231–0136–6

ISBN 3–8231–0159–5

ISBN 3–8231–0110–2

ISBN 3–8231–0162–5

ISBN 3–8231–0101–3

ISBN 3–8231–0120–X

ISBN 3–8231–0137–4

ISBN 3–8231–0121–8

ISBN 3–8231–0152–8

ISBN 3–8231–0157–9

ISBN 3–8231–0122–6

ISBN 3–8231–0144–7

ISBN 3–8231–0114–5

TOMUS-Bücher

ISBN 3–8231–0113–7

ISBN 3–8231–0107–2

ISBN 3–8231–0128–5

ISBN 3–8231–0112–9

ISBN 3–8231–0149–8

ISBN 3–8231–0147–1

ISBN 3–8231–0129–3

ISBN 3–8231–0143–9

ISBN 3–8231–0119–6

ISBN 3–8231–0123–4

ISBN 3–8231–0134–X

ISBN 3–8231–0154–4

ISBN 3–8231–0163–3

ISBN 3–8231–0164–1

ISBN 3–8231–0124–2

ISBN 3–8231–0140–4

ISBN 3–8231–0117–X

ISBN 3–8231–0156–0

ISBN 3–8231–0109–9

ISBN 3–8231–0102–1